Sumário

- A COLEÇÃO SIMPLIFICANDO SUA VIDA 2
- PARA QUEM ESSE LIVRO É NECESSÁRIO 4
- POR QUE EXISTEM MULTAS DE TRÂNSITO? 5
- MAS AS MULTAS DE TRÂNSITO ESTÃO AÍ SÓ PARA FAZER A LEI SER CUMPRIDA MESMO? 7
- E QUAL A MELHOR MANEIRA DE SE LIVRAR DAS MULTAS DE TRÂNSITO? 8
- ENTÃO É POSSÍVEL SE LIVRAR DO PAGAMENTO E DA PONTUAÇÃO DE QUALQUER MULTA MESMO? 9
- RECEBI UMA NOTIFICAÇÃO. DEVO PAGAR? 10
- COMO AGIR APÓS RECEBER A NOTIFICAÇÃO DE AUTUAÇÃO? 11
- MEU RECURSO DE DEFESA PRÉVIA FOI INDEFERIDO 15
- RECURSO CONTRA A PENALIDADE INDEFERIDO 18
- RECURSO AO CETRAN (OU OUTRO ÓRGÃO DE SEGUNDA INSTÂNCIA) INDEFERIDO 19
- SÓ ACUMULA PONTOS NA CNH QUEM QUER 22
- O ATRASO DOS JULGAMENTOS COMO FATOR PARA CANCELAMENTO DAS MULTAS 24
- TOMEI A MULTA EM OUTRO ESTADO DA FEDERAÇÃO E NÃO VALE A PENA VIAJAR ATÉ LÁ PARA RECORRER 26
- EXISTE RECURSO APÓS A SEGUNDA INSTÂNCIA ADMINISTRATIVA? 27
- EXISTE ALGUM MOMENTO EM QUE TEREI QUE PAGAR A MULTA OBRIGATORIAMENTE? ... 28
- E SE O VEÍCULO FOR EMPRESTADO, ALUGADO ETC. 31
- SE MANTER ORGANIZADO É FUNDAMENTAL 32
- ÉTICA, HIPOCRISIA 33
- RECAPITULANDO 35

A COLEÇÃO SIMPLIFICANDO SUA VIDA

A coleção "SIMPLIFICANDO SUA VIDA" propõe trazer guias práticos para soluções de questões inerentes a situações rotineiras, mas que muitas pessoas têm dificuldades de resolver ou lidar, muitas vezes deixando pendentes ou pagando caro para outras pessoas resolverem para si.

Não se trata de desmerecer a atuação de profissionais como médicos, advogados, engenheiros, nutricionistas, chefes de cozinha, entre outros de suma importância, mas apenas propor aos leitores uma reflexão e traçar uma linha de corte, no sentido de "até onde consigo ir sozinho" ou "a partir daqui peço ajuda" (e pago por isso).

Quem me conhece sabe que não sou exatamente um religioso, mas que, exceto os dogmas, admiro muito a sabedoria passada pelas religiões, então trago como lema de vida a frase "tudo me é permitido, mas nem tudo me convém" (Corintos, 6:12). É possível que o leitor esbarre com essa sentença diversas vezes ao ler meus livros. O que quero trazer com isso? A experiência relatada é minha e funciona comigo. A decisão de seguir exatamente igual, ou adaptar parte à sua vida, ou mesmo fazer tudo radicalmente oposto, é somente sua e sempre será uma decisão legítima, afinal estará decidindo sobre a sua própria vida. Entendo que ensinar é economizar o tempo de outra pessoa, que pode já aprender com meus erros e acertos, mas também pode optar por trilhar seu próprio caminho e tirar suas próprias conclusões. Aqui mostro apenas caminhos possíveis, jamais ousaria afirmar que é o melhor caminho ou o mais correto. A vida é sua!

As decisões de fazer ou comprar (contratar) fazem parte de qualquer empresa. Sempre há necessidade de escolha, o que será feito internamente com a própria equipe e o que será contratado. E não se engane. Cada um de nós tem que gerenciar essa empresa que é nossa vida. Nas decisões de fazer ou comprar, sempre temos que analisar custos e benefícios de cada escolha. Espero que essa coleção te ajude a tomar a melhor decisão. Seja feliz!

PARA QUEM ESSE LIVRO É NECESSÁRIO

Este livro, ou pelo menos as informações constantes nele (que obviamente podem ser buscadas em outras fontes), são importantes para qualquer pessoa que dirija ou pretenda um dia dirigir um veículo. Quanto antes na sua vida você tiver contato com tais informações, tenho certeza que tirará maior proveito delas. Sou favorável a ensinar educação no trânsito desde a escolinha para as crianças, não apenas quando for à autoescola.

Sugere-se que em um futuro próximo ninguém mais precisará dirigir automóveis, todos os automóveis serão autônomos, guiados por robôs, que seguirão estritamente as regras de trânsito estabelecidas, eliminando ou reduzindo quase a zero os acidentes, cuja imensa maioria é provocada pela imprudência humana. Multas de trânsito também não mais existirão nessa sociedade.

Não se sabe se as previsões se confirmarão, ou quando se confirmarão, por onde vão começar no mundo, quando chegariam no Brasil. O certo é que no mundo real, a vida segue com essa loucura do dia a dia, a "guerra" no trânsito, um passando por cima do outro, acidentes, multas. O dia em que a frota toda for de veículos autônomos, o presente livro felizmente virará peça de museu. Enquanto esse dia não chega, vamos vivendo e aprendendo a nos livrar das multas.

POR QUE EXISTEM MULTAS DE TRÂNSITO?

Em geral, as penalidades existem para que as pessoas tenham medo de descumprir o determinado nas leis. Por si só, a lei deveria ser cumprida, por ser lei. Mas não é à toa que a lei precise ser sancionada, para efetivamente valer. E o ~~verbo~~[1] termo sanção, que também significa castigo, não está ali por acaso. Somos obrigados a cumprir as Leis e somos castigados se as descumprimos (claro, desde que alguém responsável por fiscalizar o cumprimento da Lei tenha observado tal descumprimento).

Dizem que o mundo ideal não precisaria de Leis, pois cada um saberia o que fazer para tocar sua vida e não perturbar a dos outros. Difícil, não é? Até porque a Lei tem o papel de regular, passar uma régua mesmo nos limites entre o aceitável ou não. Se a decisão for sempre individual, fica difícil organizar. Por exemplo, para definir a velocidade máxima de segurança numa via, teríamos inúmeros fatores, como o tipo de carro, condições do mesmo, condições ambientais, tipo e condições dos pneus, experiência do motorista, condições físicas e psicológicas do mesmo. Então em função das condições citadas, é possível que um motorista a 50km/h com carro mal

---

[1] A primeira edição do presente livro deixou passar uma derrapada incrível. Sanção foi descrita como verbo. Um leitor atento não só identificou esse erro, como desqualificou o trabalho inteiro em função disso, enfatizando na sua tristeza sobre um escritor "não saber" o que é um verbo. Foi uma avaliação cruel e intolerante? Sim, foi. Mas quem publica algo está sempre dando a cara a tapa, e esse tapa foi merecido! Por isso fizemos questão de, não só corrigir o erro, como mantê-lo no histórico para mostrar que não somos infalíveis.

conservado, pneus carecas, freios ruins, com sono, na chuva, cause maior dano numa via do que um que trafegue a 120km/h na mesma via, mas com pneus novos, freios verificados, descansado etc. Do mesmo jeito que há pessoas que teriam condições plenas de dirigir após um chope ou taça de vinho, outros nessa mesma situação ficam bêbados ou com sono, outros já acham que podem beber uma caixa de cerveja e dirigir, então a Lei vem para uniformizar os limites para todos, e seu descumprimento gera duas punições, sendo uma pecuniária, para doer no bolso, e a outra uma possível cassação da carteira de motorista, dependendo da quantidade e ou gravidade de suas multas.

MAS AS MULTAS DE TRÂNSITO ESTÃO AÍ SÓ PARA FAZER A LEI SER CUMPRIDA MESMO?

Sabemos que não. Embora cumpram esse papel nobre, que é fazer com que as pessoas tenham medo de descumprir a Lei, as multas de trânsito constituem sim uma grande ferramenta arrecadatória a órgãos públicos, principalmente prefeituras.

Os radares de fiscalização de velocidade deveriam ser posicionados em pontos estratégicos visando primeiramente a segurança no trânsito, forçando os motoristas a reduzirem antes de curvas perigosas, ou próximo a travessias de pedestres, por exemplo. E o bom senso deveria prevalecer. Mas na prática vê-se muitas vezes radares escondidos para surpreender motoristas e multá-los, com objetivo meramente arrecadatório. Já ouvi dizer que empresas que locam radares móveis para prefeituras e demais órgão públicos, são muitas vezes remuneradas com um percentual do valor das penalidades que forem flagradas por seus equipamentos. Então se confirmando essa informação, sua remuneração será tão maior quanto mais multas aplicar, valendo a pena surpreender os motoristas. Essa é a indústria da multa. Podemos nos indignar, mas não negar a existência dela. Então é melhor saber que existe essa indústria e saber a melhor maneira de lidar com ela. Eu mesmo já tomei uma multa por trafegar acima de 40km/h num local de travessia escolar, sendo que era um domingo, sem aulas...

E QUAL A MELHOR MANEIRA DE SE LIVRAR DAS MULTAS DE TRÂNSITO?

Certamente a melhor maneira de se livrar das multas de trânsito é não tomando multas. Prevenção ainda é o melhor remédio. Se você regularmente não ultrapassa limites de velocidade estabelecidos, não avança sinais vermelhos, não estaciona em local proibido, não ingere bebidas alcoólicas quando vai dirigir, certamente terá pouquíssimos problemas com multas de trânsito, e quando houver, os resolverá com os ensinamentos do presente livro.

Então, embora eu afirme e demonstrarei que é possível se livrar do pagamento e pontuação de QUALQUER multa de trânsito no Brasil, não entenda isso como um incentivo a viver cometendo infrações, pois no mínimo isso lhe trará dores de cabeça, muita perda de tempo e algum dinheiro. Mas a decisão sempre será sua e só sua.

ENTÃO É POSSÍVEL SE LIVRAR DO PAGAMENTO E DA PONTUAÇÃO DE QUALQUER MULTA MESMO?

Sim, enquanto a organização do Estado Brasileiro se mantiver da maneira como é hoje, 2018, quando o presente livro é escrito, isso é possível, obviamente com alguns critérios e com a assunção de algumas decisões de sua parte com os riscos associados. Lembre-se do "tudo posso, mas nem tudo me convém"!

RECEBI UMA NOTIFICAÇÃO. DEVO PAGAR?

Eu posso dizer o que eu faço, não o que você deve fazer. Eu NUNCA pago uma multa assim que a recebo. Os órgãos nos oferecem "prêmios" para nos seduzir a quitar logo os valores relativos às penalidades. Em geral oferecem 20% de desconto até certa data, e já começaram a implementar desconto de 40% para quem optar por abrir mão de recursos. Mesmo com essa sedução toda, em geral eu NUNCA pago. Claro que toda regra tem exceção, e é possível que se eu estiver muito próximo a vender o carro, posso aceitar essa "promoção" dos órgãos públicos (a de 20% sim, a promoção dos 40% jamais pois não abro mão dos recursos de maneira alguma) e quitar antecipadamente a multa. Maiores detalhes no capítulo 'EXISTE ALGUM MOMENTO EM QUE TEREI QUE PAGAR A MULTA OBRIGATORIAMENTE?'

Por que eu nunca pago a multa assim que a recebo? Por dois motivos, 1) porque a lei me permite só pagar após o rejeite ao último recurso administrativo e 2) por questões financeiras, confio muito mais na minha gestão de dinheiro do que na de qualquer órgão público. Então por que transferir imediatamente meu dinheiro a esses órgãos, que a meu ver farão mau uso, sabendo que esse dinheiro pode ficar na minha conta por mais alguns meses, anos ou até mesmo nunca precisar ser pago a tais órgãos?

COMO AGIR APÓS RECEBER A NOTIFICAÇÃO DE AUTUAÇÃO?

A notificação de autuação ainda não é a multa, ela é, como diz o nome, uma notificação formal de que você foi autuado, iniciando-se o processo que tem como fim penalizar o infrator. Alguns órgãos autuadores já permitem desde essa etapa o pagamento da penalidade, para quem já deseje retirá-la do sistema o quanto antes (para quem pegou o carro de outra pessoa emprestado e não quer encrenca com o dono, é uma saída pagar logo, avaliação individual de cada um). Outros órgãos só permitem o pagamento quando enviam a notificação de penalidade, que é a etapa subsequente.

Em geral, a situação se enquadra em uma das seguintes: 1) não é surpresa ter recebido a notificação, afinal já tinha ciência que fora autuado e só estava realmente aguardando receber a notificação. 2) não esperava receber a notificação, mas quando a recebi verifiquei que realmente condiz com local, hora e infração registradas. 3) não esperava receber a notificação e não reconheço, pois trata-se de local onde eu não estava, outro veículo etc.

A questão de como agir vai ser uma decisão sua, de acordo com suas convicções e sua própria consciência. Conheço pessoas que nas situações 1 e 2 não recorrem por entenderem que merecem a punição, simplesmente pagando a multa quando chega o boleto e arcam com os pontos na carteira. Conheço pessoas que recorrem na situação 3. Conheço outras que não recorrem nem na situação 3. Conheço outras que recorrem sempre. Estou nesse último grupo. Eu utilizo todos os recursos possíveis e legais. Como disse no capítulo anterior, minimamente eu tenho vantagem financeira em ganhar meses ou anos para pagar. Quem conhece de fluxo de caixa e taxas de juros sabe o valor do dinheiro na linha do tempo.

O que eu não deixo de fazer é aplicar uma penalidade a mim mesmo: assim que eu recebo qualquer notificação de autuação, imediatamente retiro o valor correspondente da minha conta e transfiro para um fundo de investimento que eu destino exclusivamente para esse fim. Deixo esse dinheiro preso lá. Ele só volta para minha conta corrente em caso de sucesso nos recursos ou em caso de prescrição da multa (a prescrição ocorre após cinco anos da infração). Caso contrário, o dinheiro estará nesse fundo para eventualmente ter que pagar a multa caso eu resolva vender o carro antes do julgamento dos recursos. É como se fosse uma conta judicial, só que administrada por mim mesmo. Já fiquei com o dinheiro "preso" por cinco anos até poder pegá-lo de volta, devidamente corrigido, após a prescrição de uma multa. É preciso ter disciplina para ter um dinheiro na mão e não gastá-lo, mas é importante essa disciplina financeira. Este tema é abordado com maiores detalhes em outro livro dessa coleção. Eu me aplico essa penalidade como forma de desincentivo a tomar multas. Relembro que a melhor maneira de se livrar das multas é não cometendo infrações.

Então, retomando. Ao receber a notificação de autuação eu não pago e sempre recorro. A primeira instância de defesa é a Defesa Prévia, também chamada Defesa de Autuação, dirigida ao próprio Órgão que lhe autuou. Atenção para o prazo limite para recurso, que vem explícito na própria notificação de autuação. É o mesmo prazo para indicar real infrator, caso tenha sido outra pessoa que estivesse dirigindo ao invés do proprietário do veículo.

E o que se escreve nesse recurso de defesa prévia? Como ela ainda não é a multa, não se deve entrar no mérito do porquê você cometeu a infração, como por exemplo: "avancei o sinal por ser uma área perigosa". Esse tipo de argumento já é difícil ser aceito nos julgamentos de recursos de infração, na etapa de defesa prévia então, sempre é indeferido. O que se olha nessa etapa são as formalidades da notificação, essas sim cancelam muitas notificações. Então veja se a notificação foi recebida dentro do prazo de 30 dias após a data da infração, se seu nome está correto, se os dados do veículo estão corretos, se os dados da infração e enquadramento no Código de Trânsito Brasileiro estão corretos, se o agente autuador está correto, enfim, toda a formalidade da notificação. Qualquer deslize do órgão autuador pode cancelar a notificação, e acredite, esses deslizes ocorrem aos montes. Fique atento e pode se livrar da multa antes dela virar multa.

E se não há nenhum erro formal? Se o órgão autuador seguiu todos os trâmites e te emitiu uma notificação impecável? Acontece, mas mesmo assim não deixo de entrar com recurso de defesa prévia, escrevo qualquer argumento e envio o recurso. Minimamente vai consumir prazo de análise pelo órgão autuador, contribuindo para as próximas etapas e para ajudar no prazo de prescrição de multa. Os moralistas podem ficar assustados, mas o nome disso é jogar a regra do jogo e se posicionar da melhor maneira possível, dentro da lei.

As vantagens de sempre recorrer na defesa prévia: enquanto o processo de defesa prévia estiver em análise, o órgão não pode emitir a penalidade. Há órgãos no Brasil que são bem ágeis, que indeferem um recurso desses em 15 dias, outros que demoram 8 meses, ou mesmo alguns anos para julgar o recurso. Então se você faz como eu, que ao ser notificado da autuação, já retira o valor em dinheiro de sua conta e joga para um fundo de investimento, o tempo em que a defesa prévia estiver em recurso, você estará auferindo as correções do valor que está guardado. E se o julgamento do recurso de defesa prévia levar mais que 30 dias, pode ser um bom argumento para pedir o cancelamento da multa na próxima etapa.

MEU RECURSO DE DEFESA PRÉVIA FOI INDEFERIDO

Se tivesse sido deferido, nem seriam necessárias maiores explicações: o processo é encerrado, você não precisa pagar mais nada e os pontos não serão computados na sua carteira de habilitação. Aquele dinheiro que você tirou de sua conta e colocou num fundo de investimento agora pode voltar à sua conta, acompanhado da correção do período.

Mas é honesto dizer que pelo menos 90% dos recursos de defesa prévia são indeferidos. Muitos merecem essa condição, pois são daqueles do tipo que falamos "escreva qualquer argumento e recorra". Porém, outros mesmo com argumentos bem embasados, com erros formais, com notificações que chegam após 30 dias ao proprietário, também são indeferidos pois quem julga aparentemente não lê o recurso. Uma pequeníssima quantidade dos recursos é deferida.

Se o seu recurso de defesa prévia foi indeferido, vida que segue. Há mais duas etapas administrativas pela frente, e façamos uso delas. Sempre.

Após o indeferimento da defesa prévia, em geral dentro de um mês ou dois você receberá a notificação de penalidade, esta sim sempre acompanhada de um boleto para quitação com 20% de desconto. Alerta: se você está prestes a vender o carro para um desconhecido, avalie se é momento de pagar a multa, mesmo que queira ainda continuar recorrendo.

Isso porque dificilmente um desconhecido irá aceitar um carro com penalidade em aberto registrada no sistema (mesmo que você diga que ainda tem duas instâncias administrativas de recurso) e proporá que você pague ou que abata do valor da venda. Então avalie se é momento de aproveitar os 20% de desconto e pagar para viabilizar a venda de seu veículo.

Mas se não tens pressa de vender o carro, não pague e siga em frente com os recursos. A data-limite para recurso à JARI (JUNTA ADMINISTRATIVA DE RECURSOS DE INFRAÇÕES - primeira instância) é a mesma data do vencimento do boleto com 20% de desconto. Importante: mesmo que não tenha entrado com recurso de defesa prévia, você tem o direito legal de entrar com recurso contra a penalidade. Dessa vez você pode argumentar qualquer coisa (não que na defesa prévia não pudesse, mas o foco naquela etapa são erros formais) no sentido de sensibilizar os julgadores a cancelar a penalidade. E mais uma vez, não é fácil. Primeiro porque os agentes autuadores tem fé pública, os radares de velocidade ou de avanço de sinal em geral são aferidos, dificilmente você vai convencer que não passou naquele local naquele horário. Muitos argumentam que descumpriram a regulamentação em função de precaução ou mesmo fugindo de alguma violenta perseguição de bandidos. Em geral a JARI ignora tais argumentos e mantém a multa. Por vários motivos, desde defesas não amparadas no Código de Trânsito Brasileiro, outras porque aparentemente os julgadores nem leem os recursos. Sendo sincero, os membros da JARI em geral são indicados políticos que não entendem nada do assunto e nem tem interesse em prestar um julgamento imparcial e baseado na legislação. Eles julgam à maneira deles, não sei se leem apenas alguns recursos por amostragem, mas fato é que demoram bastante a julgar e quase sempre indeferem o pedido. Então mais uma vez, joguemos as regras do jogo. Tenha em mente que essa é uma guerra de muita paciência. O leitor que acreditar que a frase "não pague multas de trânsito" é um milagre, saiba que não é. É possível, mas exige planejamento e paciência. Mas temos tudo para vencer essa guerra. Importante: o tempo de julgamento de seu recurso de defesa prévia (etapa anterior), se superior a 30 dias já pode ser usado como argumento nessa etapa para solicitar o cancelamento da penalidade.

RECURSO CONTRA A PENALIDADE INDEFERIDO

Segue a mesma linha. Se o recurso foi deferido pela JARI em primeira instância, acabou a multa. Se foi indeferido, tenha calma, há mais uma instância administrativa, que é o recurso ao CETRAN (Conselho Estadual de Trânsito) do Estado onde houve a autuação ou a outro órgão de segunda instância. Nessa etapa você deve juntar todos os argumentos possíveis, inclusive o tempo de julgamento dos recursos nas fases defesa prévia e recurso contra a penalidade, caso estes superem 30 dias de análise, o que é bem comum em se falando da atual organização do Estado Brasileiro. Após o indeferimento de seu recurso contra a penalidade, você tem 30 dias para apresentar recurso ao CETRAN ou a outro órgão de segunda instância. E só pode recorrer ao CETRAN (ou outro órgão de segunda instância) caso tenha recorrido à JARI e tenha tido resultado indeferido. Não é possível pular etapa, como foi possível na defesa prévia, que não é requisito para recorrer contra a penalidade.

RECURSO AO CETRAN (OU OUTRO ÓRGÃO DE SEGUNDA INSTÂNCIA) INDEFERIDO

De novo. Sendo deferido, encerra-se a multa e os pontos não são computados.

Sendo indeferido seu recurso ao CETRAN (ou outro órgão de segunda instância), agora sim o processo administrativo foi encerrado e você enfim terá a obrigação de pagar o valor da penalidade e pode ter os pontos vinculados a seu prontuário da Carteira Nacional de Habilitação.

Esse é o pior caso, em que você teve seus recursos negados em todas as instâncias solicitadas, desde a defesa prévia junto ao órgão que lhe autuou, passando pelo recurso de 1ª instância à JARI, e finalmente, tendo seu recurso de 2ª instância negado pelo CETRAN (ou outro órgão de segunda instância).

Quais as possíveis boas notícias, mesmo no pior dos casos? Quase que 100% desses casos ultrapassam um ano de processo até chegar na última instância administrativa, e a multa não mais acarretará em pontos na sua carteira, pois a infração deixa de ser pontuável um ano após seu cometimento. E muito grande parte dos casos acaba esse processo beirando os cinco anos, prazo no qual a multa prescreve no sistema do DETRAN, ou seja, o órgão não pode mais te cobrar pela multa.

Por que quase que 100% dos casos ultrapassam um ano? Porque mesmo numa operação padrão dos órgãos envolvidos, o que não é a realidade brasileira, o fim dos recursos em todas as instâncias administrativas já chega bem próximo a um ano. Qualquer perda de prazo, o que não é nenhuma surpresa em termos de Brasil, vai passar fácil de um ano.

Simulemos. Digamos que você tenha cometido uma infração no dia 01/Janeiro. Que o órgão seja competente e te notifique dia 20/Janeiro, dentro dos 30 dias legais. Ele te enviará notificação com prazo de pelo menos 40 dias para você apresentar defesa prévia e ou indicar real condutor. Esse prazo já baterá 02/Março. Se você não deixar para recorrer no último dia, entrando com recurso de defesa prévia uma semana antes, seria 23/Fevereiro. Caso o órgão seja rápido e indefira sua defesa prévia em 20 dias, estaríamos em 13/Março para o indeferimento. Que o órgão em mais 20 dias envie a notificação de penalidade, já se chega em 02/Abril, com vencimento para 12/Maio. Se você entrar com recurso contra a penalidade em 05/Maio e mais uma vez ele for julgado em 20 dias, você receberia a resposta do recurso em 25/Maio, tendo 30 dias para recorrer ao CETRAN (ou outro órgão de segunda instância). Digamos que você recorra em 18/Junho ao CETRAN (ou outro órgão de segunda instância), e o órgão mais uma vez indefira em 20 dias, já estamos em 08/Julho. Com mais um mês para o trânsito em julgado, chegamos próximo ao fim de agosto para uma multa cometida em 01/Janeiro.

São oito meses, isso considerando que os Órgãos cumprirão eficientemente seus prazos. Porém não se esqueçam que isso aqui é Brasil.

SÓ ACUMULA PONTOS NA CNH QUEM QUER

Conforme demonstrado, um processo que corresse em operações padrão em todos os órgãos julgadores (órgão autuador, JARI e segunda instância), pelos seus próprios trâmites já levaria cerca de oito meses para fazer constar em sua carteira de habilitação os pontos relativos à penalidade. E o prazo legal para os pontos constarem em seu prontuário é de um ano após a infração. Depois disso, a infração deixa de ser pontuável. E depois de 5 anos, prescrita definitivamente, inclusive com relação aos valores pecuniários.

As infrações pontuáveis são aquelas que podem ter seus pontos (de 3, 4, 5 e 7) somados para suspender o direito de dirigir. As infrações mandatórias são aquelas que, individualmente, suspendem o direito de dirigir do condutor. Os pontos das infrações mandatórias não são somados com os das pontuáveis.

Os últimos 12 (doze) meses formam o período limite em que, se o condutor somar 20 (vinte) ou mais pontos em sua CNH, terá processo de suspensão do direito de dirigir instaurado. Se em 12 (doze) meses o condutor não tiver 20 (vinte) pontos, essas infrações não são utilizadas para o período seguinte. Se antes de 12 (doze) meses o condutor chegar a 20 (vinte) ou mais pontos, o processo pode ser iniciado. Esse cálculo não tem por base o ano civil, assim, dentro de um mesmo ano pode haver mais de 1 (um) processo de suspensão, mas sempre por infrações diferentes.

Os últimos 5 (cinco) anos identificam o tempo que as infrações não estão prescritas, ou seja, podem ser aplicadas.

CONSULTA TODAS AS INFRAÇÕES

TODAS AS INFRAÇÕES	QUANTIDADE DE AUTOS	AUTUAÇÃO	PENALIDADE	CANCELADOS	SUSPENSOS	TRANSITADO EM JULGADO
Todas as Infrações (últimos 5 anos)	1	1	0	0	0	0
Todas as Infrações Pontuáveis (últimos 12 meses)	1	1	0	0	0	0
Todas as Infrações Mandatórias (últimos 12 meses)	0	0	0	0	0	0

O resultado da consulta acima refere-se a todas as infrações em fase de autuação (primeira etapa de registro e ciência do proprietário), penalidade (segunda etapa e de aplicação, momento em que há valor a ser pago e pontos vinculados à CNH), canceladas (via recurso) ou suspensas.

A infração transitada em julgado é aquela que adquire a qualidade de executável. Nesse momento, a penalidade de multa (valor) e a pontuação podem ser aplicadas pelo Órgão de Trânsito.

Observando que cada infração (cada tipo) é de competência de um Órgão de Trânsito específico, quais sejam, o DETRAN-RJ, as Prefeituras dos Municípios, o DER, a PRF e o DNIT

A imagem copiada do próprio website de um DETRAN fala por si.

Como disse acima, estamos no Brasil, e a probabilidade de um processo dessa natureza finalizar em oito meses é mínima. Eu particularmente nunca vi um processo ser julgado em todas as instâncias administrativas em menos de um ano. Ou seja, os pontos não vão para a carteira por decurso de prazo. Como diz o título do capítulo, só acumula pontos na CNH quem quer, ou seja, quem não recorre, permitindo o trânsito em julgado rapidamente. Nem aquelas infrações que dizem que suspendem a habilitação imediatamente. O cidadão sempre terá direito a recurso, e enquanto não tiver seus recursos julgados e indeferidos em todas as instâncias administrativas, não pode ter os pontos em seu prontuário.

Ainda tem dúvida de que se deve sempre recorrer contra qualquer multa de trânsito?

O ATRASO DOS JULGAMENTOS COMO FATOR PARA CANCELAMENTO DAS MULTAS

Lembra daquelas infrações para as quais você não tinha argumentos para entrar com recurso? Que a recomendação foi "escreva qualquer argumento e recorra"? Pois bem, digamos que na defesa prévia o órgão levou 8 meses para julgar e indeferiu seu recurso (até porque o argumento era fraco, embora não haja lógica para isso, já vi argumentos bons perderem, argumentos ruins ganharem, é quase uma loteria).

Enfim, agora você já tem um argumento para a próxima etapa de recurso: o prazo de demora na etapa anterior. Embora o Código de Trânsito Brasileiro tenha deixado essa lacuna, não estipulando o prazo para julgamento pelo órgão autuador nos casos de defesa prévia, o certo é que, assim como o cidadão, a Administração Pública também tem suas obrigações, e julgar seus processos é uma delas. O cidadão não deve ser prejudicado e ficar esperando a vida inteira por um resultado de recurso. As etapas de recurso contra a penalidade e recurso ao CETRAN (ou outro órgão de segunda instância) tem prazo máximo de julgamento claramente definido no Código de Trânsito Brasileiro: 30 dias.

Questões importantes nesse assunto: não se pode atropelar etapas. A única etapa que se pode "pular" e não perder o processo é a defesa prévia, embora sempre recomende usar essa etapa de defesa, tendo ou não bons argumentos, pois daí já pode surgir um primeiro argumento, caso haja demora no julgamento.

O caminho sugerido é: recebeu a notificação de autuação, entre com a defesa prévia. A multa só lhe será enviada após sua defesa prévia ser indeferida. Se o órgão levar 3 anos para julgar uma defesa prévia, significa que você não tem obrigação de pagar nada nesses 3 anos, não será pontuado na carteira (por ter passado de um ano).

Recebida a notificação da penalidade (ou por ter seu recurso de defesa prévia indeferido ou porque não recorreu em defesa prévia), aí você pode e deve entrar com recurso contra a penalidade. Atenção ao prazo, geralmente é o mesmo do prazo limite para pagamento com desconto. Você pode até enviar um recurso intempestivo (fora de prazo), mas as chances de seu recurso ser aceito fora do prazo são bastante próximas de zero.

E só se pode recorrer ao CETRAN (ou outro órgão de segunda instância) após o indeferimento do recurso contra a penalidade. Não importa quanto tempo levar, você deve aguardar pacientemente. A parte boa é que enquanto o recurso não for julgado, você não é devedor, não tem pontos na carteira, pode licenciar seu veículo normalmente. E não esqueça de que você só tem 30 dias para recorrer ao CETRAN (ou outro órgão de segunda instância), após o indeferimento do recurso. Atenção nos prazos.

TOMEI A MULTA EM OUTRO ESTADO DA FEDERAÇÃO E NÃO VALE A PENA VIAJAR ATÉ LÁ PARA RECORRER

Sim, o Brasil é um país continental e é perfeitamente possível que um gaúcho tenha tomado uma multa da prefeitura de Fortaleza nas férias, ou vice-versa. Então deixemos para lá? Negativo.

Todos os órgãos já trabalham com recebimento de recursos por Correios, alguns permitem até o envio de recurso diretamente pela internet. Fique atento quando enviar pelos Correios, sempre envie com AR (Aviso de recebimento), para você ter um comprovante que enviou, atenção aos prazos (nunca deixe para postar no último dia), e certifique-se de que o processo foi realmente aberto no órgão. Não confie apenas no AR dos Correios, vá atrás.

Cabe ressaltar que você terá custos (mesmo que baixos) com envio pelos Correios. É sempre bom saber.

EXISTE RECURSO APÓS A SEGUNDA INSTÂNCIA ADMINISTRATIVA?

O CETRAN (ou outro órgão de segunda instância) é a última esfera administrativa. Lembre-se que para chegar ao CETRAN (ou outro órgão de segunda instância) você já deve ter passado pela Defesa Prévia (opcional) e pelo Recurso contra a penalidade. Mas se ainda se sente injustiçado, ou se o CETRAN (ou outro órgão de segunda instância) levou mais de 30 dias para julgar seu recurso (algo bem comum no Brasil), você pode recorrer, mas dessa vez, terá que ser via judicial.

A boa notícia é que existem os Juizados Especiais. A coleção SIMPLIFICANDO SUA VIDA tem uma publicação voltada a ensinar sobre Juizados Especiais. Caso queira recorrer contra decisão da segunda instância (ou demora do julgamento) e não tenha advogado (ou não queira gastar dinheiro contratando um), você pode procurar o Juizado Especial da Justiça Federal (se foi multado por órgãos federais) ou o Juizado Especial da Fazenda Pública (se foi multado por órgãos estaduais ou municipais) e ingressar com uma ação contra o órgão que lhe autuou, inclusive pedindo reembolso de multas eventualmente já quitadas.

EXISTE ALGUM MOMENTO EM QUE TEREI QUE PAGAR A MULTA OBRIGATORIAMENTE?

Lembre-se de pilares importantes nesse processo. Você não é considerado devedor enquanto houver algum recurso pendente de análise. E em cinco anos o órgão perde o direito de lhe cobrar por aquela multa, pois ela prescreve e some do sistema dos DETRAN's.

Muitos recursos (considerando todas as suas etapas) levam mais de cinco anos para serem julgados. Daí significa que você não pagará por essas multas, independente do resultado do recurso. Mas existem dois fatos importantes que podem ocorrer e podem leva-lo a pagar a multa: você precisar vender o carro durante o período em que aguarda julgamento de recurso ou fim dos julgamentos de recursos em todas as instâncias administrativas em menos de 5 anos. Vamos analisar cada caso.

Digamos que você foi multado, entrou com os recursos necessários, eles ainda estão na fila dos julgamentos, e surge a necessidade ou oportunidade de você vender o carro, ou mesmo aquela troca de carro já programada que você faz de tempos em tempos. Esse processo vai lhe exigir muita habilidade de negociação com o comprador, ou senão a saída será mesmo pagar a multa, mesmo que continue depois acompanhando os recursos e, quem sabe, consiga o ressarcimento do valor pago. Os órgãos utilizam essa demora deles próprios no julgamento como ferramenta para nos fazer pagar as multas. Eis um paradoxo. A mesma demora que serve como argumento para cancelar a multa, serve como pressão para que paguemos, caso desejemos vender o carro nesse meio tempo. Até porque muitos abandonam o acompanhamento do processo depois de pagar a multa e vender o carro. E fazendo isso abrem mão do valor pago, uma vez que o ressarcimento não é automático quando um recurso é deferido. Você terá que se dirigir ao órgão e solicitar o ressarcimento, caso já tenha pago a multa e o recurso tenha sido deferido depois. Pode ser que você esteja vendendo o carro para um amigo íntimo, com quem mantenha contato permanente e ele aceite, na base do "fio do bigode", que se aguarde o fim dos recursos, e se forem julgados em menos de 5 anos, você pague, ou deixe a penalidade prescrever. Pode ser que um desconhecido aceite uma declaração sua assinada reconhecendo tal condição. Porém o mais comum é o comprador exigir a quitação da multa, ou mesmo abater no valor da transação, que é a pior hipótese para você, pois na prática está pagando e nem terá direito a futuro ressarcimento. Enfim, para quem troca de carro com frequência, fica difícil não ter que pagar por suas multas, mesmo que possa continuar recorrendo e que eventualmente possa ser ressarcido no futuro. Eu já tive um veículo modelo Fiat Palio, tomei uma multa de estacionamento proibido em um local que nunca estive, de uma Kombi com a placa do meu carro. Recorri em defesa prévia, foi negado e acabei pagando, pois precisei vender o carro. Só recuperei a grana anos depois, na segunda instância.

A outra situação apresentada que nos põe "contra a parede" é aquela na qual os recursos (ao órgão, à JARI, à segunda instância) são julgados e indeferidos com menos de 5 anos. Agora sim você é considerado devedor, pois não tem mais recursos administrativos. A análise quanto pagar ou não pagar depende de dois fatores: quanto tempo falta para completar 5 anos da infração e sua disposição a correr riscos. Se falta muito tempo (anos), você para tomar a decisão de não pagar, deve ter alta disposição a correr riscos. Se faltam poucos meses, o risco pode ser mínimo ou mesmo zero. E qual é esse risco? O de não conseguir fazer seu licenciamento anual por ter pendência de multas. Enquanto estiver em recursos, você pode ter quantas multas forem possíveis, isso não atrapalhará seu licenciamento anual. Mas depois de esgotados os recursos, caso você não pague a multa, não conseguirá licenciar seu veículo, ou seja, ter o documento do ano vigente. A multa em si você pode ficar devendo sem sanção nenhuma, até ela expirar 5 anos depois de cometida a infração. Mas quanto ao licenciamento, esse sim, pode fazer seu carro ser rebocado a um depósito caso seja flagrado rodando sem ele. Então avalie sempre o que for maior, se sua intolerância a riscos ou vontade de não pagar a multa.

E SE O VEÍCULO FOR EMPRESTADO, ALUGADO ETC.

Aí você começa a perder o domínio da situação. Você já viu que decisões precisam ser tomadas, e quando o carro é seu e a multa é sua, você decide sozinho. Se alguém te emprestou o carro, provavelmente já te fez um favor e o ideal é que você não traga dor de cabeça a essa pessoa. Se o dono do carro for alguém com grande intimidade, que aceite que você entre com os recursos e aguarde os resultados, ótimo. Se não for, pague a multa, assuma a condição de real infrator, "pegue seu banquinho e saia de fininho".

No caso das locadoras a relação é um pouco diferente. Não há favor, há um contrato entre as partes, que deverá ser seguido. Todo contrato de locação já prevê essa situação. Em geral as locadoras permitem que você recorra, por ser um direito seu como cidadão, mas é exigido que você assuma como real infrator (eles já ficam com cópia da sua CNH no ato da locação) e que pague a multa assim que a penalidade chegar. Se seu recurso for deferido depois, eles te dão comprovante para buscar reembolso diretamente no órgão que te autuou. A única maneira de ganhar tempo é entrar com a defesa prévia (cuja demora no julgamento impede que se transforme em penalidade). Sendo indeferida a defesa prévia, você terá que pagar a multa. Aceite. Cumprir contratos é saudável, mesmo quando nos é doloroso.

SE MANTER ORGANIZADO É FUNDAMENTAL

Caso queira colher os benefícios dos conhecimentos aqui ensinados, uma coisa é fundamental: organização. Se você não se considera uma pessoa organizada (e não quer mudar), só tem duas saídas: pagar suas multas assim que as receba ou contratar alguém para fazer a parte da organização que você se considere incapaz de fazer.

Consultar com certa frequência suas multas, seus pontos, seus recursos, no website do Detran de seu estado ou dos órgãos autuadores, arquivo eletrônico e ou físico da documentação (notificações, comprovantes de pagamento, protocolo de entrada de recursos), estar atento aos prazos para recursos, são atividades necessárias para quem quer se livrar de multas. Não esqueça que grande parte dos nossos argumentos se baseia na desorganização do estado, da demora nos recursos. E para lutar contra isso, devemos estar muito bem organizados.

ÉTICA, HIPOCRISIA

Certamente temos conflitos éticos no presente livro. Devo recorrer de uma multa sobre a qual eu sei que infringi realmente uma legislação clara? Já citamos que a decisão é sua. Todos nós construímos argumentos para justificar qualquer atitude nossa. Por exemplo, podemos argumentar que se deve sim pagar as multas, que é o correto moralmente falando, mas também podemos argumentar que não se deve pagar, que os recursos são legais, que a culpa pela demora não é nossa, que as ruas são esburacadas, que ladrão de verdade está em Brasília nos dando mau exemplo, enfim, qualquer tese se defende. O importante é que cada um esteja em paz com sua consciência e com seu travesseiro para dormir bem, de acordo com suas decisões tomadas. Em nenhum momento eu disse que há um caminho melhor que outro, mostrei apenas os caminhos existentes, e por vezes, disse o caminho que eu sigo.

Para mim o pior de todos é o hipócrita, aquele que ataca de falso moralista, criticará os ensinamentos aqui relatados, mas vai usá-los quando estiver no sufoco, a ponto de perder a sua carteira de habilitação. Admiro pessoas fiéis a seus princípios, independente das consequências. O cantor jamaicano Bob Marley foi um grande exemplo nesse sentido. Ao ser diagnosticado com câncer no dedão do pé, recusou-se a amputá-lo, pois sua crença não permitia (ele não cortava nem cabelo, quanto mais o dedão). Quimioterapia? Nem pensar. Optou por tratamentos naturais, e não resistiu.

Poderia estar vivo até hoje, produzindo belas canções? Sim, mas foi fiel aos seus princípios e virou mito. Então, seja fiel aos seus e boa sorte!

RECAPITULANDO....

1) O Melhor é sempre não ser multado. Seja um motorista prudente dentro do possível;

2) Sempre use todos os recursos possíveis;

3) Se planeje. Pensar em datas de trocas de carro e licenciamento anual são fundamentais nesse processo;

4) Seja organizado ou se não for, contrate alguém;

5) Dúvidas sobre o assunto, faça contato pelo e-mail quinatech@gmail.com.

www.ingramcontent.com/pod-product-compliance
Lightning Source LLC
Chambersburg PA
CBHW031515210526
45464CB00007B/2927